에게,

사랑을 담아

나는 왜 너를 사랑하는가

Why I Love You

수전 젠켈 지음 | 정지현 옮김

WHY I LOVE YOU : A Journal of Us by Suzanne Zenkel

Copyright ©️ 2012 by Peter Pauper Press, Inc.
All rights reserved.

This Korean edition was published by Midnight Bookstore in 2016 by arrangement with Peter Pauper Press, Inc
through KCC(Korea Copyright Center Inc.), Seoul.

차례

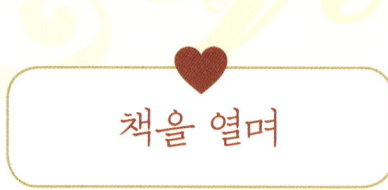

사랑하는 사람에 대해 얼마나 알고 있나요?

이 책은 나와 그 사람이 얼마나 잘 어울리는 한 쌍인지 글로 표현하게 해줍니다. 상대에 대한 나 자신의 생각과 감정을 표현하는 것보다 사랑하는 사람에게 줄 수 있는 더 큰 선물이 있을까요? 특히나 긍정적이고 애정 가득한 표현이라면 더욱 그렇겠죠. 이 작은 책에는 좋은 점이 또 있습니다. 이 책을 기록하면서 생각을 모으다 보면 나와 그 사람의 관계를 특별하게 만들어주는 것이 무엇인지 발견하게 됩니다. 이를 통해 미소가 지어질 수도 있고 원하는 미래를 꿈꿀 수도 있습니다. 그리고 울적한 날에 이 책을 꺼내 보면, 내 곁에 이렇게나 사랑하는 사람이 존재한다는 사실에 깊이 감사하게 될 것입니다.

이 책에 담긴 질문에 답하는 것 외에도 나와 그 사람에게 의미 있는 것이라면 무엇이든 더해도 됩니다. 낙서, 사진, 기념품, 시, 노래가사, 직접 쓴 질문과 답…. 이 책은 사랑하는 사람의 도움을 얻어가며 써도 되고(질문의 답을 함께 생각해보면 정말 재미있을 거예요), 혼자 기록해 깜짝 선물로 줄 수도 있습니다. 답을 고민하지 마세요. 자연스럽게 떠오르는 답이 오히려 진실과 가까울 수 있으니까요. 필요하다면 질문을 그냥 건너뛰어도 괜찮습니다. 이 책에는 법칙이 없습니다. 그저 마음이 이끄는 대로 하면 됩니다. 지금까지 나를 사랑으로 이끌어준 마음, 그 마음을 따라가세요.

이 책은 내가 직접 쓰는 오직 나만의 러브 스토리입니다.
해피엔딩으로 끝날 사랑을 축복하면서 기분 좋게 완성해보세요.
어제와 오늘 그리고 앞으로 함께할 수많은 날들을 담아보세요.

아주 오래 전 서로 하나 될 운명을 가지고 태어난
낯선 두 사람이 있었습니다.

이 책은 그 운명이 어떻게 사랑으로 싹터 나가는지,
첫 만남에서부터 꿈같은 미래 그리고 그 사이의 시간이 모두 담긴
아름다운 이야기입니다. 내가 당신을 사랑하는 방법이 궁금한가요?
이 책에서 보여드릴게요.

그렇게 사랑은 시작되고

"당신이 들어오는 순간, 난 사랑에 빠졌어요."
_영화 『제리 맥과이어』에서, 도로시(Dorothy)

사랑이 시작되는 순간이 있습니다.

이곳에 나와 당신을 하나로 이어준 일들을

모두 기록합니다.

당신과 나를 사랑에 빠지게 한 것들은 무엇이었을까요?

서로 만난 지 얼마 안 됐을 때의 사진을 붙여보세요.

당신과 나는 언제, 어디서 처음 만났을까?

_____

_____

_____

_____

_____

그때 나는 _____ 살, 당신은 _____ 살이었지.

당신을 처음 보았을 때 가장 눈에 띈 것은:

_____

_____

_____

_____

당신을 처음 만났을 때의 느낌은:

❏ 설렜어 ❏ 부끄러웠어 ❏ 호기심이 생겼지, 또는 ❏ _____ .

당신이 내게 처음 한 말은:

내가 당신에게 처음 건넨 말은:

우리는 서로 첫눈에 반했을까, 천천히 빠져드는 사랑이었을까?

당신이 달라보였던 이유는:

그 점이 내게 중요했던 이유는:

당신을 처음 봤을 때 머릿속에 딱 떠오르는 사람이 있었어. 누구냐면:

당신은 내가 누구를 떠올리게 한다고 했더라?

당신이 내게 했던 특별한 말은:

당신과 가까이 있었을 때의 느낌은:

내 마음에 남아 있는 연애 초기의 데이트는:

기억해? 우리가 언제 어디서 첫 키스를 나누었는지?

지나고 보니 정확했던 당신에 대한 첫 느낌들은:

당신에 대해 정말로 놀라웠던 것은:

알고 보니 틀렸던 당신에 대한 첫 느낌들은:

내 가족이 당신에 대해 한 말들은:

내 친구들이 당신에 대해 한 말들은:

우리의 처음에 대한 더 많은 생각들

사진, 메모 그리고 생각들
Photos, notes, and thoughts

♥ ♥ ♥

오직 당신이어야만 했던 이유는

"당신의 인생을 누군가와 함께 보내고 싶다면,
가능한 한 빨리 시작하란 말을 해주고 싶어."

_영화 『해리가 샐리를 만났을 때』에서, 해리(Harry)

사랑은 '운명 같은 끌림'입니다.

지구의 절반은 남자, 절반은 여자입니다.

그 수많은 인연의 가능성 속에서, 나는 왜 당신이 아니면 안 되었을까요?

그 특별한 이유들을 여기에 담습니다.

당신을 생각할 때 가장 먼저 떠오르는 단어나 표현 다섯 가지는:

1.

2.

3.

4.

5.

당신의 외모 중에서 가장 매력적인 부분은:

내가 당신을 볼 때마다 감탄이 절로 나는 것은:

우리 주변 사람들이 당신에 대해 감탄하는 것은:

당신을 향한 내 마음을 가장 잘 표현해주는 노래는:

특히 그 노래의 가사 이 부분이:

당신이 즐겨 쓰는 단어나 표현은:

당신이 자주 하는 행동이나 버릇은:

나를 깔깔 웃게 만드는 당신의 유머와 위트는:

내가 당신의 연인이라는 사실을 자랑스럽게 만드는 당신의 행동은:

당신이 만일 슈퍼히어로라면 어떤 이름일까?

그리고 내가 슈퍼히어로라면 어떤 이름일까?

내가 사랑하는 당신의 모습에 대한 더 많은 생각들

사진, 메모 그리고 생각들

Photos, notes, and thoughts

♥　♥　♥

'삶'이라 쓰고, '사랑'이라 읽는 것들

"넌 완벽하지 않아, 그녀도 완벽하지 않아.
중요한 건 과연 서로에게 얼마나 완벽한가 하는 거야."
_영화 『굿 윌 헌팅』에서, 숀(Sean)

사랑에 빠지는 것은 시작일 뿐입니다. 예고 없이 격발된 사랑이 우리의 일상과
삶의 밑바탕을 이룰 때, 사랑은 비로소 그 진가를 발휘합니다. 사랑이라는
눈부신 바탕 위에 서서 내 삶에 당신이 왜 최고의 파트너인지 생각해봅니다.

우리가 가장 즐거워하는 일 세 가지는:

1.

2.

3.

꿈같은 하루

당신과 함께 하는 완벽한 하루는 어떤 모습일까…

시작은 이렇게:

끝은 이렇게:

시작과 끝 사이는 이렇게:

당신과 나의 영화

우리의 이야기를 영화로 찍는다면 당신 역할은 어떤 배우가 맡으면 좋을까?

그리고 내 역할은 어떤 배우가?

우리 영화의 장르는?

❏ 로맨틱 코미디

❏ 섹시한 드라마

❏ 액션 어드벤처

❏ 하루마다 장르를 바꿔서

❏

우리 영화의 신 스틸러들은?

당신을 만난 후 내 인생에서 더 좋아진 점 두 가지는:

1. ....

2. ....

나를 만난 후 당신의 인생에서 더 좋아진 점 두 가지는:

1. ....

2. ....

커플로서 우리의 가장 큰 강점은:

....

....

....

....

당신이 내게 해준 가장 좋았던 조언은:

....

....

....

....

....

당신의 친구들 중 내 마음에 드는 친구는:

....

....

내 친구들 중에서 당신의 마음에 드는 친구는:

....

....

내가 당신의 가족을 좋아하는 이유는:

....

....

당신이 내 가족을 좋아하는 이유는:

....

....

우리가 가장 좋아하고, 만나면 즐거운 사람이나 커플은:

....

....

....

우리의 언어에 담겨 있는 것들

♥ ♥ ♥

당신과 내게 용기와 힘을 불어넣는 말들에 대해 생각해봅니다.

서로를 부르는 애칭은:

당신이 나를: ....

내가 당신을: ....

뛸 듯이 기쁠 때의 표현은:

당신: ....

나: ....

뭔가 마음에 쏙 들었을 때:

당신: ....

나: ....

서로 주고받으면 따뜻하고 평온해지는 말은:

당신: ....

나: ....

"뭐하고 있어?"라고 물을 때 가장 좋았던 답은:

당신: ....

나: ....

헤어질 때의 인사는:

당신: _____

나: _____

우리가 즐겨 쓰는 은어나 신조어는:

당신: _____

나: _____

삶의 지표가 될 만한 좌우명이나 슬로건은:

당신: _____

나: _____

우리 둘 다 참 좋아하는 말(들)은:

_____

_____

_____

그밖에 우리가 자주 쓰는 표현은:

_____

_____

_____

당신과 나의 닮은 모습,
서로 다른 모습

서로 다른 점에 끌리기도 하지만 비슷한 점에도 끌리는 법입니다.
당신과 나는 서로 무엇을 닮았고, 무엇이 다를까요?

	당신	나
올빼미형 인간	☐	☐
아침형 인간	☐	☐
컵에 물이 반이나 남았네	☐	☐
컵에 물이 반밖에 안 남았네	☐	☐
빠르고 완벽하게	☐	☐
느긋하고 여유롭게	☐	☐
원칙을 고수하는 마음	☐	☐
모든 것에 열린 마음	☐	☐
정치에 관심 많음	☐	☐
정치에 관심 없음	☐	☐
드러내기 좋아함	☐	☐
프라이버시를 중시함	☐	☐
대화를 즐김	☐	☐
침묵은 금이다	☐	☐
청소가 무슨 대수람	☐	☐
깔끔한 게 제일이지	☐	☐

	당신	나
고기 없이는 못살아	❏	❏
채소가 좋아, 아주 좋아!	❏	❏
결과가 좋아야 해	❏	❏
과정이 중요하지	❏	❏
인생은 재미가 으뜸이지	❏	❏
인생은 진지함이지	❏	❏
사람은 내일을 위해 살아야 해	❏	❏
카르페 디엠, 오늘을 붙잡아라!	❏	❏
간식은 나의 힘!	❏	❏
하루 세 끼도 너무 많아	❏	❏
운동 마니아	❏	❏
소파에서 뒹굴거리기	❏	❏

당신은 .... 하고, 난 .... 해.

당신은 .... 하고, 난 .... 해.

당신은 .... 하고, 난 .... 해.

우리는 둘 다 .... 해.

우리는 둘 다 .... 해.

우리 사이에 중요한 것들

아래 열 가지 가운데 당신과 나의 관계에 가장 중요한 우선순위를 매겨봅니다.
1번이 가장 중요한 가치입니다(똑같이 중요하다면 같은 번호로).

.... 신뢰

.... 공감

.... 유머 감각

.... 신체적 매력

.... 균형과 사려 깊음

.... 소통과 대화

.... 배려와 매너

.... 가치관과 철학

.... 취미 및 각종 활동 공유

.... 타협과 융통성

내가 살고 싶은 곳은: ....

당신이 살고 싶은 곳은: ....

함께 살고 싶은 곳은: ....

우리의 이름을 합쳐서 부른다면
보기: 브란젤리나(브래드 피트+안젤리나 졸리)

당신과 나만의 홈페이지를 만든다면 주소는:

www. ....

우리가 요트를 산다면 뭐라고 이름 붙이면 좋을까?

우리가 함께 반려동물을 키운다면 어떤 이름이 좋을까?

당신은 내가 최선을 다하게 만들어. 특히:

_____

_____

_____

난 당신이 최선을 다하게 만들어. 특히:

_____

_____

_____

우리를 박장대소하게 만드는 것이나 사람은:

_____

_____

_____

우리만의 스트레스 해소법은:

_____

_____

_____

다음 중 우리 사이를 잘 나타내주는 표현은?

☐ 당신은 내게 바위처럼 든든한 존재

☐ 나는 당신에게 바위처럼 든든한 존재

☐ 둘 다 해당됨

☐ 모두 해당되지 않음. 당신은 내게 _____ 한 존재
　　　　　　　　　　　　　　나는 당신에게 _____ 한 존재

우리 둘의 조화를 나타내는 새로운 단어

보기: 나는 　똑똑해.

당신은 　달콤해.

우리는 　똑똑달콤한 연인.

나는 _____　　　　나는 _____

당신은 _____　　　당신은 _____

우리는 _____　　　우리는 _____

우리가 서로를 위해 꼭 지키기로 한 약속은:

우리 둘 다 높게 평가하는 사람들의 특징은:

우리 둘 다 싫어하는 사람들의 특징은:

우연히 아는 사람을 만났을 때 나는 당신을 '나의 무엇'이라고 소개하지:

서로 다르지만, 서로 사랑하는 우리

생각이 서로 일치하지 않는 것들 *(하지만 괜찮아. 사랑하니까)*:

_____

_____

_____

_____

_____

우리의 행동 중에서 서로 완전히 딴판인 것들 *(하지만 괜찮아. 우리 사이에 아무런 문제가 되지 않으니까)*:

_____

_____

_____

_____

우리가 가장 좋아하는 것들
♥ ♥ ♥

하루 중 언제:

무슨 요일:

음악 또는 노래:

TV 프로그램:

영화:

클럽:

공연 *(오페라, 발레, 콘서트, 연극, 뮤지컬 등등)*:

소장품:

식당 또는 맛집:

내가 좋아하는 당신의 요리는:

당신이 좋아하는 나의 요리는:

당신과 나의 아지트는:

칼로리 걱정 없이 즐기는 식음료는:

집안에서 가장 좋아하는 장소는:

당일치기 여행지는:

둘 다 열광적으로 좋아하는 스포츠는:

팀은:

선수는:

배우는:

코미디언은:

아티스트는:

우리가 가장 좋아하는 것들에 대한 더 많은 생각들
♥ ♥ ♥

유명인사는:

역사적 인물은:

내가 좋아하는 당신의 선물은:

당신이 좋아하는 내 선물은:

연락 방법*(이메일, 영상통화, 문자 등등)*:

생일을 축하하는 방법은:

우리 둘 다 좋아하는 책은:

함께 즐기는 게임은:

주말 활동은:

당신이 좋아하는 나의 패션은:

내가 좋아하는 당신의 패션은:

우리가 좋아하는 상점 *(온라인&오프라인)* :

색깔 *(실내장식, 자동차 등등)* :

사진이나 그림은:

잡지는:

커피 스타일은:

과일은:

과자나 초콜릿은:

케이크는:

파이는:

아이스크림 맛은:

그밖에 우리가 좋아하는 것은:

내가 당신 덕분에 좋아하게 된 것은:

당신이 나 때문에 좋아하게 된 것은:

당신 때문에 긍정적으로 생각이 바뀐 것은:

당신 덕분에 _____ 는 더 늘리고,

_____ 는 더 줄일 수 있게 됐어.

내가 가장 좋아하는 당신 사진
My favorite photo of us

♥　♥　♥

사진을 붙여보세요.

세상에 오직 하나뿐인 우리 두 사람

"마지막인 것처럼 키스해줘요."

_영화 『카사블랑카』에서, 일자(Ilsa)

사랑하는 당신은 나의 가장 가까운 친구이기도 합니다.
나는 당신과 가장 비밀스러운 부분과 사적인 순간을 공유합니다.
이런 친밀함이야말로 당신과 나 사이에서 가장 소중한 추억과 경험,
에너지가 되어줍니다. 세상에 오직 하나뿐인 것이 있다면,
바로 당신과 나입니다.

가장 로맨틱했던 순간 또는 하루는:

가장 행복했던 서프라이즈는:

앞으로 바라는 서프라이즈는:

당신에게 해주고픈 서프라이즈는:

당신이 나에게만 보여주는 모습은:

_____

_____

내가 당신에게만 보여주는 모습은:

_____

_____

세상에서 나만 아는 당신의 모습은:

_____

_____

물어보지 않고도 당신이 무슨 생각을 하는지 알 수 있는 때는:

_____

_____

당신에게 꼭 물어보고 싶은, 당신에 대해 꼭 알고 싶은 한 가지는:

_____

_____

_____

이건 아무도 몰라요

당신이 나에 대해 몰랐던 다섯 가지는:

1.

2.

3.

4.

5.

남들이 모르는 당신의 약점은:

남들이 모르는 나의 약점은:

우리 커플의 약점은:

우리가 둘만 있을 때 하는 바보 같거나 웃긴 행동은:

당신이 좋아하는 나의 닉네임(*nickname*)은:

내가 좋아하는 당신의 닉네임은:

당신이 나에게 보여준 가장 달콤한 행동은:

내가 당신에게 보여준 가장 달콤한 행동은:

우리가 서로의 차이에 대처하는 가장 좋은 방법은:

우리가 싸운 후 화해하는 방법은:

당신에게 특히 잘 어울리는 브랜드는:

당신이 나한테 잘 어울린다고 말해줬던 액세서리는:

당신이 가장 멋져 보일 때는:

함께 길을 걸을 때 드는 생각은:

당신의 별나지만 사랑스러운 부분은:

내가 생각하는 로맨틱한 분위기:

☐ 양초

☐ 음악

☐ 근사한 레스토랑

☐ 꽃

☐ 미소와 웃음

☐ 기타: ....

나도 모르게 당신에게 키스한 때는:

당신이 내게 해준 깜짝 키스는:

아무도 모르는 우리 둘만의 이야기

사진, 메모 그리고 생각들
Photos, notes, and thoughts

♥ ♥ ♥

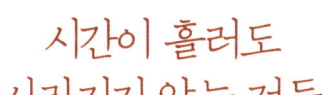

시간이 흘러도
사라지지 않는 것들

"진정한 사랑은, 사랑 후에도 사랑으로 남아 있는 것."
_영화 「러브 액츄얼리」에서, 캐런(Karen)

사랑에 의무가 있다면 후회를 남기지 않는 것입니다.
나와 당신이 쌓아온 것들, 변화시켜 온 것들을 돌아봅니다.
우리의 사랑이 서로에게 기쁨과 깨달음이 되도록 해준 것이 무엇인지
알기 위해서입니다.

우리의 관계에서 중요했던 터닝 포인트는:

우리가 함께 한 모험은:

_____

_____

_____

_____

_____

_____

우리가 함께 한 가장 기억에 남는 사건은:

_____

_____

_____

_____

_____

_____

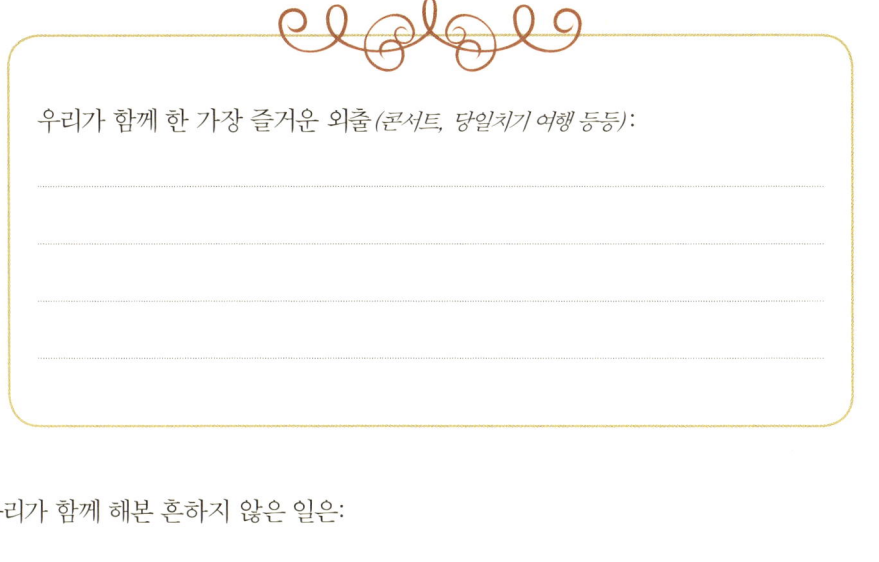

우리가 함께 한 가장 즐거운 외출 *(콘서트, 당일치기 여행 등등)*:

우리가 함께 해본 흔하지 않은 일은:

우리가 함께 한 최고의 휴가는:

우리가 함께 한 가장 행복했던 시간은:

우리에게 가장 힘겨웠던 시간은:

당신이 옆에 있어서 정말 다행이었던 때는:

당신이 도와줘서 정말 기뻤던 일은:

나를 일으켜 세운 당신의 문자나 편지, 격려는:

우리가 함께 내린 최고의 결정은:

우리가 함께 값진 교훈을 얻은 실수는:

우리를 서로 사랑하는 사이로 발전시킨 경험 또는 상황은:

당신 없는 나는···

보기: 당신 없는 나는, 불 꺼진 항구.

　　　당신 없는 나는, 오아시스 없는 사막.

　　　당신 없는 나는, 팥 없는 찐빵.

　　　당신 없는 나는, 안 웃기는 개그맨.

(우리의 이야기로 돌아와서) 당신 없는 나는:

우리가 지금 여기까지 온 여정에 대해

사진, 메모 그리고 생각들

Photos, notes, and thoughts

❤ ❤ ❤

우리가 함께 살아가는 동안

"사랑은 지구상에 유일하게 남은 충격적인 행위죠."
_영화 『밸런타인 데이』에서, 리드(Reed)

만일 당신과 내가 함께 살게 된다면요? 어떤 일을 함께 하고 어떤 것을
공유하며 어떤 꿈을 함께 꿀까요? 우리는 함께 한 곳을 바라볼 것이며,
그와 동시에 서로가 가리키는 방향을 두근두근 바라볼 때도 있을
것입니다. 우리의 사랑을 지지해주는 근본적인 믿음은 무엇일까요?
당신과 나의 사랑을 집에 비유한다면, 집안이 반짝 반짝 잘 돌아가도록
일 년 내내 에너지를 유지하게 해주는 것은 무엇일까요?

우리가 공유하는 신념이나 가치관은:

....

....

....

....

종교와 영성 또는 휴머니티에 대한 우리의 견해는:

우리는 말과 행동이 일치하는 커플인가:

우리만의 특별한 전통이나 의식*(사소한 것이라도!)*:

우리가 함께 지지하는 것은:

당신은 나의 연인이자, 나의:

_____

_____

나는 당신의 연인이자, 당신의:

_____

_____

당신이 부모라면 또는 부모가 된다면 어떤 모습일까:

_____

_____

_____

우리 아이들 *(그리고 생년월일)*:

_____

_____

우리 손자손녀들 *(그리고 생년월일)*:

_____

_____

우리가 함께 키운 반려동물:

우리가 함께 마련한 집:

우리가 함께 고른 자동차:

그밖에 우리가 함께 소유한 것들:

우리가 서로의 덕분으로 처음 알게 된 것은:

_____

_____

_____

우리가 함께 수집하는 것은:

_____

_____

_____

_____

우리 집 냉장고에서 절대로 떨어지지 않는 것은:

_____

_____

우리 집 냉장고에 절대로 없는 것은:

_____

내가 가장 싫어하는 집안일은:

_____

_____

내가 그나마 좋아하는 집안일은:

_____

_____

당신이 가장 싫어하는 집안일은:

_____

_____

당신이 그나마 좋아하는 집안일은:

_____

_____

우리가 서로 협력하는 방법은:

_____

_____

_____

당신과 나의 믿음에 대해

우리는 .... 은(는) 많을수록 좋다고 믿는다.

우리는 .... 은(는) 적을수록 좋다고 믿는다.

나에게 필요한 것은: ....

....

당신에게 필요한 것은: ....

....

우리에게 필요한 것은: ....

....

....

나에게 없으면 안 되는 것은: ....

이제 우리 커플은 무엇을 할 때일까: ....

....

....

절대로 늦은 때란 없다고 생각하는 것은: ....

....

....

당신과 나의 사랑이 늘 빛나는 결과를 얻을 수 있도록 조율해주는 감독으로 누구를 선임하면 좋을까:

_____

보기:
거스 히딩크, 알렉스 퍼거슨, 존 우든 …

왜 그 감독인가:

_____

_____

_____

_____

우리의 이야기를 소설로 쓴다면 제목은:

_____

_____

_____

우리의 주제곡은:

_____

_____

우리가 가끔 즐기는 사치는:

서로에게 준 1만 원 이하의 가장 멋진 선물은:

당신이 내게 해준 가장 좋은 일, 내가 당신에게 해준 가장 좋은 일 *(1분 안에 생각해보기)*:

우리의 관계에 대해 각별히 감사하게 생각하는 세 가지는:

1.

2.

3.

나의 감성을 일깨우는 특별한 물건은:

내가 좋아하는 남녀 간 사랑에 관한 명언은:

❑ 사랑한다는 건 천국을 살짝 엿보는 것이다.

❑ 누군가에게 사랑받으면 힘이 생기고, 누군가를 사랑하면 용기가 생긴다.

❑ 사랑은 무엇보다도 나 자신을 위한 선물이다.

❑ 기타:

우리가 동경하는 커플은:

우리가 서로에게 힘을 실어주는 방법은:

나를 짜증나게 하는 것, 나의 대처법:

당신을 짜증나게 하는 것, 당신의 대처법:

우리가 뜨겁게 도전하고 있는 것은:

나, 당신, 또는 둘 다 바라는, 우리 사이에 없었으면 하는 것은:
보기: *잔소리*

잔소리

우리 커플의 성공 레시피에 들어가야 할 것은:

두 스푼: ....

한 스푼: ....

우리 커플이 위기를 극복하는 방법은: ....

....

....

....

....

....

....

우리가 서로에게 영감을 주는 방법은: ....

....

....

....

....

....

멋지게 잘해낸 일

당신과 내가 우리 사랑을 위해 잘한 일 다섯 가지는:

1.

2.

3.

4.

5.

당신이 타인을 위해 할 수 있는 가장 좋은 일은:

....

....

....

내가 당신에게 고마운 것들은:

....

....

....

당신이 나에게 고마워한다고 느껴지는 것들은:

....

....

....

....

변하지 않는 사랑의 비결을 한 단어로 표현한다면:

_____

우리가 함께 살아가는 것에 대한 더 많은 생각들

사진, 메모 그리고 생각들

Photos, notes, and thoughts

♥ ♥ ♥

아름다운 사랑을 위한 매력적인 상상

"꿈은 실험을 하기에 좋은 기회야.
새 옷의 가격표를 떼지 않고 두는 것과 비슷하지."

_영화 『섹스 앤 더 시티』에서, 캐리(Carrie)

상상은 사랑에 꼭 필요한 자양분입니다.
희망과 즐거움으로 가득한 미래를 떠올리는 일은
당신과 내게 사랑에 대한 열망을 선물합니다.
지금부터 우리 두 사람을 위한 흥미진진한 상상을 시작해봅니다.

당신과 함께 시간여행을 한다면, 내가 돌아가고 싶은 때와 장소는:

소원

내가 당신의 세 가지 소원을 들어준다면:

1.

2.

3.

당신이 나의 세 가지 소원을 들어준다면:

1.

2.

3.

10년 후 당신과 나는 어떤 모습일까:

당신을 위한 나의 가장 엉뚱하고 무모한 상상은:

낙서나 그림을 그려보세요.

내가 가장 궁금한, 당신을 아직 만나기 이전의 당신의 삶은:

어떤 사람과도 저녁식사를 함께 할 수 있다면 *(죽은 사람이든 살아있는 사람이든 모두 가능)*
누구와:

그 이유는:

우리 커플이 출연하면 멋질 잡지나 신문, 웹사이트, TV 프로그램은:

우리의 어떤 모습이 다루어지기를 바라는지:

우리가 세계적인 유명 스타가 될 수 있다면:

보기: *록밴드의 리드 보컬, 브로드웨이 뮤지컬 주인공, 영화배우, 예술가, 과학자, 사진작가 등등*

나는:

_____

_____

_____

당신은:

_____

_____

노래가사, 시, 발견, 에세이, 예술작품 등등 유명 스타인 우리의 대표적인 작품은:

내 작품은:

_____

_____

_____

당신 작품은:

_____

_____

_____

별들이 알려줄 거예요

별자리는 나와 당신의 특징을 알려주고 서로가 서로의 강점을 이끌어내도록 도와줄 수 있습니다. 별자리에서 영감을 얻어 봅니다.

서로를 더 깊이 알고 이해하는 데 별들은 빛나는 길잡이가 되어줍니다.

나의 별자리에는 동그라미를, 당신의 별자리에는 하트를 그려 넣습니다.

양자리 | 3월 21일~4월 19일
양자리는 모험심 가득한 사람의 것입니다.
자신감 넘치고 무엇이든 첫 번째가 되는 것을 좋아합니다.

황소자리 | 4월 20일~5월 20일
황소자리는 다들 호들갑을 떨 때도 침착한 평정심을 유지합니다.
모든 것을 있는 그대로 받아들이고 사랑합니다.

쌍둥이자리 | 5월 21일~6월 20일
(언제나) 시적인 쌍둥이자리! 매력과 위트, 호기심 넘치고 날카로운 눈을 가진 쌍둥이자리는 무엇이든 적극적으로 시도합니다.

게자리 | 6월 21일~7월 22일
언제나 변함없는 배려심을 보여주는 게자리는 집안을 지키는 전문가이기도 합니다. 보호 본능이 뛰어나고 감성이 풍부해 늘 한결같은 든든한 파트너입니다.

사자자리 | 7월 23일~8월 22일
거울아, 거울아. 세상에서 누가 가장 용감하지? 그것은 바로 사자자리. 늘 앞장서고 재미있는 성격으로 '걱정 말고 나한테 맡겨!'라는 태도를 보여줍니다.

처녀자리 | 8월 23일~9월 22일
성실근면하고 세련된 완벽주의자. 처녀자리는 집중력이 뛰어납니다.
분명한 생각과 단호한 의지로 어떤 혼란스러운 상황이 와도 말끔하게
정리해줍니다.

천칭자리 | 9월 23일~10월 22일
'올바른 일을 하라'는 선의를 강조하는 홍보대사. 균형과 조화를 위해
노력하면서 평화를 유지합니다.

전갈자리 | 10월 23일~11월 21일
예측 불가능하고 강렬하고 미스터리하며 대단히 파워풀합니다. 전갈자리와
함께 있으면 절대로 지루할 틈이 없어서 계속 같이 있고 싶어집니다.

사수자리 | 11월 22일~12월 21일
자유로운 영혼. 낙천적이고 솔직하며 열정이 넘칩니다. 사수자리가 있는
곳에는 항상 사람들이 몰려듭니다!

염소자리 | 12월 22일~1월 19일
자신이 무엇을 원하는지, 그것을 얻기 위해서는 어떻게 해야 하는지 잘
압니다. 할 수 있다는 마음 자세로 일도 놀이도 열심히 합니다.

물병자리 | 1월 20일~2월 18일
쾌활한 성격의 이상주의자. 장밋빛으로 세상을 바라봅니다. 확신을 가지고
자신의 생각을 따라갑니다.

물고기자리 | 2월 19일~3월 20일
통찰력이 뛰어나고 주관이 확실하며 평정심을 유지합니다. 겉모습은
몽상가처럼 느슨해 보이지만 당신을 한눈에 꿰뚫어봅니다.

별자리에 비춰볼 때 우리는 서로를 어떻게 돕고 보완해주고 있을까?

사진, 메모 그리고 생각들

Photos, notes, and thoughts

♥ ♥ ♥

♥

우리의 가장 좋은 날은 아직 도착 전이에요

"난 내가 뭘 원하는지 알아. 지금 내 두 손에 갖고 있으니까.
바로 당신이야."

_영화 「P.S. 아이 러브 유」에서, 제리(Gerry)

좋은 관계는 좋은 와인처럼 시간이 지날수록 더욱 깊어집니다.
하지만 정원을 가꾸듯 정성껏 돌봐줘야만 아름다움이 지켜질 수 있습니다.
당신은 우리의 꽃이 지지 않도록 무엇을 하고 있나요?
우리 두 사람의 정원이 어떤 모습이기를 바라나요?

둘이 함께 세계 여행을 떠날 수 있다면 어디로:

당신과 함께 야반도주를 해야 한다면 어디로:

커플이라면 꼭 해봐야 한다고 생각하는 것은:

당신이 내게 꼭 가르쳐주었으면 하는 것은:

....

....

....

....

내가 당신에게 꼭 가르쳐주고 싶은 것은:

....

....

....

....

나는 우리 사랑이 이런 느낌이었으면 좋겠어요:

❑ 햇살 가득한 날씨

❑ 화려한 불꽃놀이

❑ 깨끗하고 고요한 첫눈

❑ 기타: ....

아하!

내가 우리 사이에 관해 '아하!' 하고 문득 뭔가를 깨달은 순간은:

너무 행복했기에 다시 돌아가고 싶은 우리의 지난날은:

더 좋게 바꾸기 위해 다시 돌아가고 싶은 우리의 지난날은:

아직 오지 않은 우리의 가장 좋은 날은:

앞으로 나아가는 동안 우리는:

❑ 갑자기 튀어나오는 커브길을 조심하면서 신중하게

❑ 일부러 우회하며 길이 어디로 향하는지 살펴보면서

❑ 가끔씩 경적을 울리면서

❑ 앞차에 길을 양보하면서

❑ 기타: _____

현자들의 가르침에 귀 기울이면

다음 중 가장 마음에 새기고 싶은 관계에 대한 조언은:

❏ 항상 감정을 움직여야 합니다. 매일 자신에게 물어보세요.
"이 말과 행동이 우리를 더 가깝게 해주는가, 아니면 멀어지게 하는가?"
_심리학자 필립 C. 맥그로

❏ 사소한 것으로 싸우지 마세요. 사소한 것은 우리 삶의 90퍼센트나
차지한답니다.
_영화배우 조안 리버스

❏ 침대에서 서로를 지적하지 마라. 나중에 현명한 방법으로 대화를
나눠라.
_세계적인 성(性) 전문가 루스 웨스트하이머 박사

❏ 서로 다르다는 사실을 존중하고 받아들일 때 비로소 사랑은 활짝
피어나는 꽃이 된다.
_『화성에서 온 남자, 금성에서 온 여자』의 저자 존 그레이

❏ 사랑은 처음부터 완벽한 사람을 만나는 것이 아니라, 완벽하지 않은
사람을 완벽하게 바라보게 되는 것이다.
_영화배우 안젤리나 졸리

내게 감명 깊었던 남녀관계에 대한 가장 지혜로운 조언은 *(누구한테 들었는지도)*:

우리 관계에 대한 나의 조언은:

내가 앞으로 개선하고 싶은 것들은:

당신과 내가 해야 할 일들

앞으로 내가 당신과 더 많이 하고 싶은 일은:
(예전에 했던 일, 새로운 일 모두 포함)

우리에게
　　사랑이란:

아주 특별한 사진
Special Photo

♥　♥　♥

한 장의 사진이 우리의 이야기를 다 말해줄 수는 없겠죠.
하지만 당신과 나의 관계를 가장 잘 보여주는 특별한 사진 한 컷을 보냅니다.

사진을 붙여보세요.

이 책은 여기에서 끝나지만
우리의 여정은 언제까지나 지속되기를.
모든 마음을 모아 당신께.

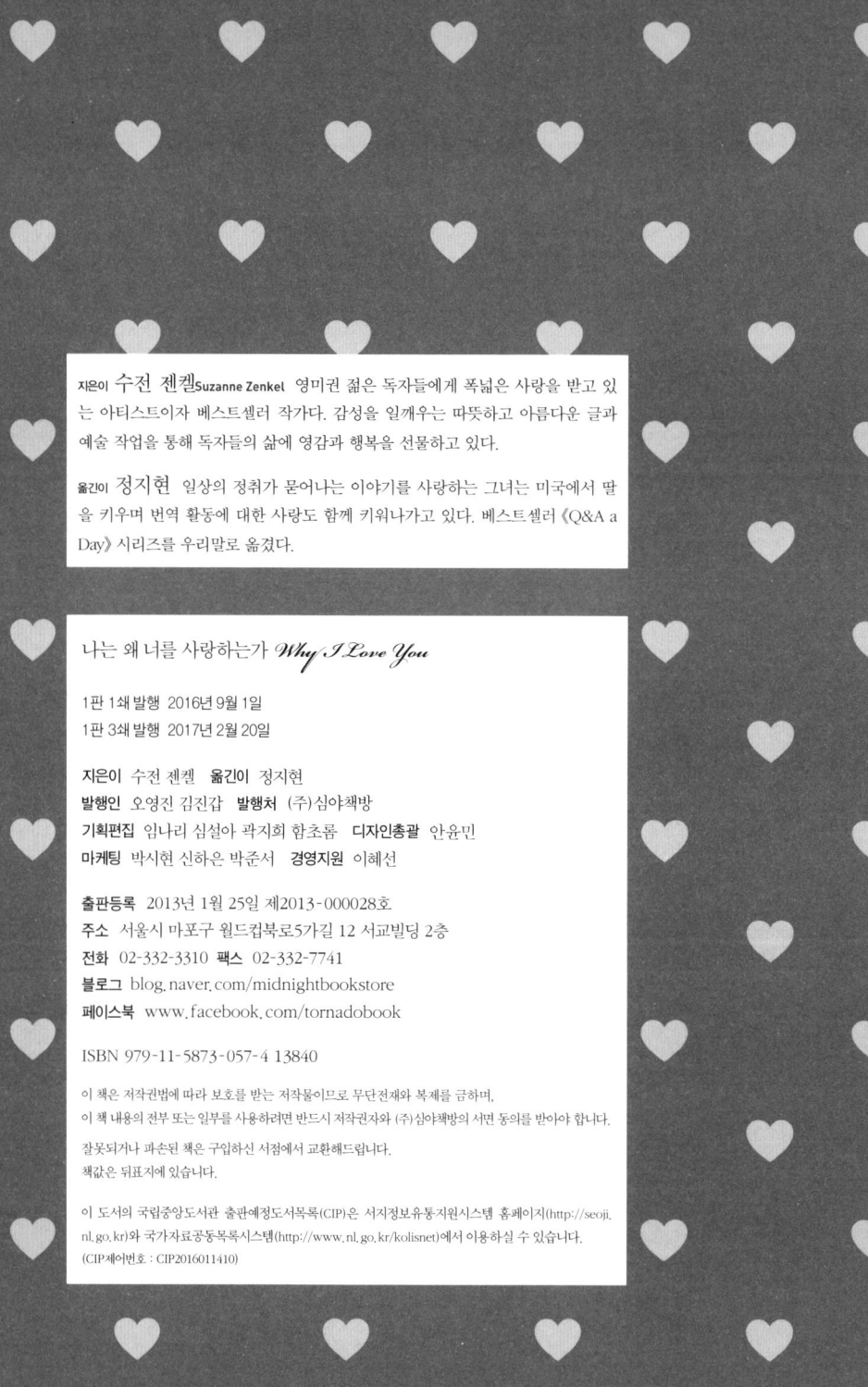

지은이 **수전 젠켈**Suzanne Zenkel 영미권 젊은 독자들에게 폭넓은 사랑을 받고 있
는 아티스트이자 베스트셀러 작가다. 감성을 일깨우는 따뜻하고 아름다운 글과
예술 작업을 통해 독자들의 삶에 영감과 행복을 선물하고 있다.

옮긴이 **정지현** 일상의 정취가 묻어나는 이야기를 사랑하는 그녀는 미국에서 딸
을 키우며 번역 활동에 대한 사랑도 함께 키워나가고 있다. 베스트셀러《Q&A a
Day》시리즈를 우리말로 옮겼다.

나는 왜 너를 사랑하는가 *Why I Love You*

1판 1쇄 발행 2016년 9월 1일
1판 3쇄 발행 2017년 2월 20일

지은이 수전 젠켈 **옮긴이** 정지현
발행인 오영진 김진갑 **발행처** (주)심야책방
기획편집 임나리 심설아 곽지희 함초롬 **디자인총괄** 안윤민
마케팅 박시현 신하은 박준서 **경영지원** 이혜선

출판등록 2013년 1월 25일 제2013-000028호
주소 서울시 마포구 월드컵북로5가길 12 서교빌딩 2층
전화 02-332-3310 **팩스** 02-332-7741
블로그 blog.naver.com/midnightbookstore
페이스북 www.facebook.com/tornadobook

ISBN 979-11-5873-057-4 13840

이 도서의 국립중앙도서관 출판예정도서목록(CIP)은 서지정보유통지원시스템 홈페이지(http://seoji.
nl.go.kr)와 국가자료공동목록시스템(http://www.nl.go.kr/kolisnet)에서 이용하실 수 있습니다.
(CIP제어번호 : CIP2016011410)